Jaguares y Mariposas

Arte por Ely Ely *Texto por* Catherine Russler

Jaguares y Mariposas
© 2020 por Catherine Russler

Publicado por Bolígrafo Books
Bolígrafo Books es un sello de Grafo House Publishing
Guadalajara, Jalisco, Mexico / grafohouse.com

En asociación con Jaquith Creative
Bothell, Washington, USA / jaquithcreative.com

Tapa dura ISBN 978-1-949791-44-0
Tapa blanda ISBN 978-1-949791-45-7
Ebook ISBN 978-1-949791-42-4
Versión en inglés disponible en todos los formatos

Arte por Ely Ely (Melissa Zúñiga)
Para contactarla o ver más de su trabajo,
visita elyelyilustra.com o síguela en Instagram, @elyelyilustra.

Texto por Catherine Russler
Para contactarla y obtener más información, visita jaguaresymariposas.com
o síguela en Instagram, @jaguarsandbutterflies.

Dirección de arte por Angela Jaquith / Instagram @angelajaquith
Diseño de títulos y tipografía por Nacho Huizar / nachohuizar.com
Asesora en diversidad e inclusion, Kaila Álvarez / Instagram @kailaalvarez
Traducción al español por Ian Roberto Sherman Minakata
y Claudia Valeria García Escalona

Descuentos por volumen disponibles para escuelas, instituciones públicas y
eventos. Para mayor información, contacta la editorial: info@grafohouse.com

Offset: impreso en Puebla, Mexico por Segrak S. de R.L. MI
segrak.com / info@segrak.com

Bajo demanda: impresion en Estados Unidos de América
24 23 22 21 20   1 2 3 4 5

A cada niña que
se ve a sí misma
en estas páginas.
Eres poderosa.
Eres hermosa.

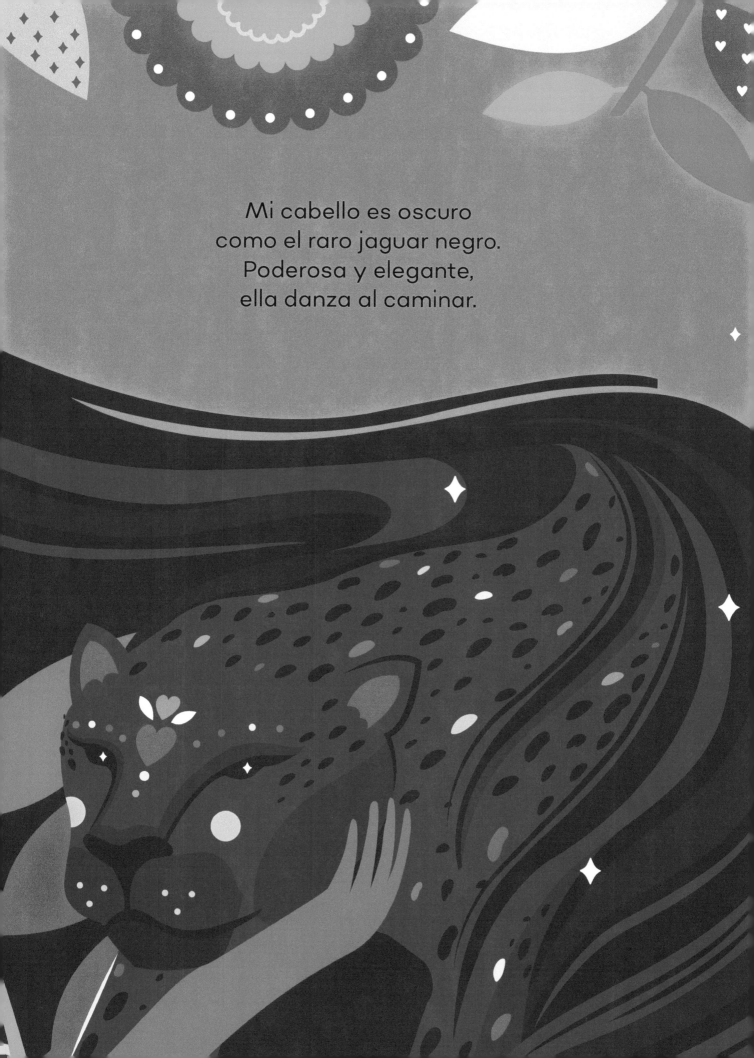

Mi cabello es oscuro
como el raro jaguar negro.
Poderosa y elegante,
ella danza al caminar.

Mi cabello es marrón
como el chocolate hecho de cacao,
elaborado por mis antepasados
durante miles de años.

Mi cabello lacio titila
como la luz de la luna sobre el agua.

Mis rizos están entretejidos
como el Gran Arrecife Maya.

Y mis ondas fluyen como lava
del grandioso Popocatépetl.

Mi piel brilla como el cobre
bajo nuestros desiertos,
un metal tan rico en color
que se usa para hacer tesoros.

Mi piel es tan fuerte
que el sol no puede dañarla.
Tan solo pintará en ella
un bronceado más hermoso.

Mi piel brilla
como la luna de noche,
como si dejase
un pedazo de ella en mí.

Somos poderosas.
Somos hermosas.

Mi mirada es generosa
y llena de calidez,
como el dulce café de olla
hecho por mi abuelita.

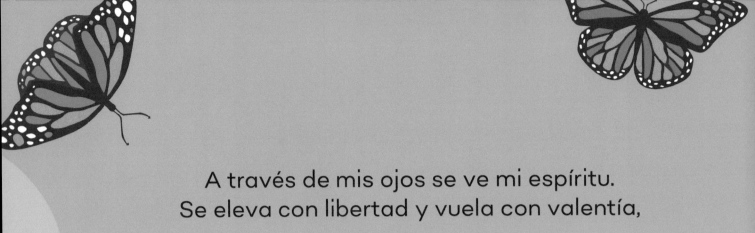

A través de mis ojos se ve mi espíritu.
Se eleva con libertad y vuela con valentía,

como las mariposas que migran
a nuestros bosques de oyamel.

Soy fuerte,
soy protectora,
como los imponentes árboles
que protegen a criaturas pequeñas.

Somos poderosas,
hermanas de los fuertes rayos del sol.

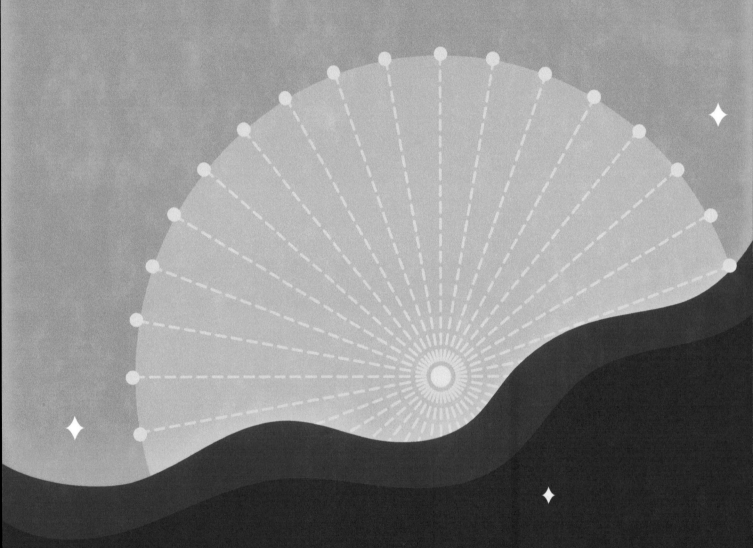

Somos generosas,
hijas de generaciones que cuidan.

Somos hermosas.

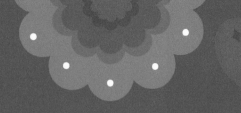

GLOSARIO DE TÉRMINOS CULTURALES Y GEOGRÁFICOS

Jaguar negro: El jaguar es la especie nativa de felino más grande de América. La mayoría de los jaguares son de color amarillo o marrón claro con manchas oscuras, pero en algunas áreas de selva un gen especial hace que su pelaje se torne completamente negro. Los jaguares son veloces y poderosos, y eran muy respetados en las culturas originarias en México y Centroamérica.

Cacao: El chocolate está hecho de los granos del árbol de cacao, el cual es nativo de las zonas tropicales, desde el Amazonas hasta el sureste de México. Los habitantes de lo que hoy es México y Centroamérica comenzaron a preparar el chocolate (palabra que proviene de la lengua náhuatl), generalmente sin endulzar, hace alrededor de 3,000 o 4,000 años. Los mayas fueron los grandes desarrolladores del conocimiento sobre el chocolate. Los mayas y posteriormente los aztecas usaban granos de cacao como moneda de cambio, en bebidas ceremoniales y en una amplia variedad de preparaciones culinarias. Cuando invadieron los españoles, replicaron la bebida ceremonial de los aztecas y le añadieron azúcar. El chocolate se volvió muy popular en otras partes del mundo.

Café de olla: Un delicioso café hecho en una olla de barro con canela, azúcar de caña sin refinar (piloncillo), clavo de olor y a veces cáscaras de naranja o chocolate. Se remonta a la revolución mexicana, cuando fue preparado por mujeres soldaderas. Se dice que el café de olla era uno de los favoritos del líder revolucionario Emiliano Zapata.

Sol y luna con género: Este libro describe al sol como masculino y a la luna como femenina, pues las culturas orginarias en México y Centroamérica a menudo pensaban en el sol como un dios varón y en la luna como una diosa mujer. Además, el idioma español marca al sol con el género masculino (el sol), y a la luna (la luna), con el femenino.

Gran Arrecife Maya: Es el arrecife de coral más grande del Océano Atlántico. El Gran Arrecife Maya tiene más de 1,000 kilómetros de longitud, extendiéndose desde la península de Yucatán hasta Honduras. Formalmente se le conoce como Sistema Arrecifal Mesoamericano (SAM).

Náhuatl: El náhuatl era la lengua hablada por los aztecas y es actualmente la lengua indígena más hablada en México. Hoy en día existen más de 1.5 millones de hablantes de náhuatl, principalmente en el centro de México. El gobierno mexicano reconoce 30 variantes distintas del náhuatl.

Popocatépetl: "El Popo" es uno de los volcanes más activos de México y es la segunda cumbre más alta del país. Popocatépetl significa en náhuatl "montaña humeante".

Migración de las mariposas monarca: Cada invierno, millones de mariposas monarca vuelan desde los Estados Unidos y Canadá a México, donde hibernan en bosques de árboles de oyamel. Los árboles protegen a las mariposas de la lluvia fría y evitan que sus cuerpos se sequen. Forman racimos para mantenerse calientes. Decenas de miles de monarcas pueden agruparse en un solo árbol.

ESTIMADOS PADRES Y EDUCADORES

Esperamos que *Jaguares y Mariposas* traiga un sentido de asombro, alegría y autoempoderamiento a las jóvenes con las que compartas esta lectura y que profundice su comprensión de México, como una tierra de magnífica diversidad étnica, cultural y geográfica. Para acceder a materiales e información adicional, visítanos en www.jaguaresymariposas.com. ¡Agradecemos tus comentarios!

Para un mayor aprendizaje y autoempoderamiento:

- Invita a tus hijas a señalar a cuáles personajes del libro se parecen. Puedes decir: "Son hermosas, como tú. ¿Parecen valientes? ¿Compasivas? ¿Qué te hacen pensar?" Puedes afirmar a tu hija con frases como: "Vaya, ustedes dos suenan similares. Las dos son increíbles".

- Ayuda a tus hijas a realizar búsquedas en Internet utilizando términos del libro que despierten su curiosidad. Si aún no son lectoras, puedes ayudarlas a explorar imágenes. Por ejemplo, "mariposas monarca en México" es una opción divertida para comenzar. Puedes explorar el glosario para obtener más ideas.

- Utiliza el texto del libro como guion para una obra de teatro o un recital de poesía. Anima a tus hijas o estudiantes a canalizar el poder y la confianza de las jóvenes en el libro.

- Ayuda a las jóvenes lectoras a identificar una cultura de México de la que les gustaría aprender. ¡Hay muchas posibilidades! México es el hogar de al menos sesenta y ocho pueblos originarios, cada uno con una etnia y un idioma únicos. Lenguas como el náhuatl, maya y mixteco son habladas por cientos de miles de personas e incluyen una variedad de dialectos, mientras que otros están en peligro de desaparecer.

- Descarga copias gratuitas en formato PDF de *Jaguares y Mariposas* en inglés y español en www.jaguaresymariposas.com. Compara los textos para aprender nuevas palabras en inglés o español. Imprime tus imágenes favoritas y cuélgalas como arte inspirador para tus hijas.

Con amor,
Ely Ely y Catherine,
Creadoras de *Jaguares y Mariposas*

Ely Ely, Ilustradora

Melissa Zúñiga, mejor conocida como Ely Ely, es una ilustradora mexicana originaria de Aguascalientes. Actualmente radica en la Ciudad de México. Tras finalizar sus estudios de diseño gráfico, trabajó durante unos años en diversas agencias de publicidad. Al mismo tiempo, realizaba trabajos como ilustradora independiente y de pintura mural. Más tarde, lanzó su propio estudio de ilustración en 2014. Mujeres, elementos gráficos mexicanos, la naturaleza y el color forman la base de su creatividad e inspiración; y estas cosas se pueden encontrar con frecuencia en sus ilustraciones, murales y otros trabajos. Ella ha trabajado en numerosos proyectos en México y en el extranjero, incluyendo colaboraciones con Disney, Google, Mary Kay, Clinique, Maybelline, Dole Sunshine, Danone y Bonafont, entre otros. Se puede ver más de su trabajo en elyelyilustra.com o en Instagram como @elyelyilustra.

Catherine Russler, Autora

Catherine llegó por primera vez a México como estudiante universitaria de intercambio. Años más tarde, luego de obtener su maestría en Relaciones Internacionales con enfoque en estudios latinoamericanos, regresó a México como analista de inteligencia de Estados Unidos de América en el exterior. Allí se enamoró de Francisco, con quien ahora está casada. Ellos viven en Guadalajara con su pequeña hija Olivia, un número siempre cambiante de perros rescatados y un gato obstinado. Están emocionados porque su familia crecerá pronto, cuando adopten a un nuevo integrante a través del Sistema Nacional para el Desarrollo Integral de la Familia (DIF). A Catherine le gusta ver mariposas y colibríes con Olivia e imaginar formas de ayudar a los jóvenes a descubrir su propia magia. Le apasionan los temas de justicia social que afectan a la juventud en sus dos países. Para contactar a la autora u obtener más información, visita jaguaresymariposas.com o síguela como @jaguarsandbutterflies en Instagram.

CPSIA information can be obtained
at www.ICGtesting.com
Printed in the USA
LVHW072244171220
674446LV00003B/18